Von Flossen und Federn

KROHSEELKA

Von Flossen und Federn

Zwei Märchen von der Liebe

© 2023 Lusine KROHSEELKA

Édition : BoD – Books on Demand, info@bod.fr
Impression : BoD – Books on Demand, In de Tarpen 42,
Norderstedt (Allemagne)

Impression à la demande

Illustration : KROHSEELKA

ISBN : 978-2-3221-3080-1
Dépôt légal : Février 2023

Für alle, die in Richtung Sonne schwimmen.

Lusine in der fliegenden Teetasse

Es war einmal eine kleine Meerjungfrau…

Eine andere als die, die jeder kennt!

Nicht die von Hans-Christian,
Die endet so trist dann.

Meine Undine, heißt Lusine.

Sie lebte im tiefen blauen Meer.
Und sehnte nach Sonne sich so sehr.

Als kleines Kind
Schwamm sie geschwind
In den Wellen hin und her.
Ein jeder liebte sie gar sehr.

Sie war fröhlich und nett
Und ging schon früh zu Bett.

Sie lebte glücklich am Meeresgrund
Mit vielen Gesellen kunterbunt.

Ein Seepferdchen gehörte ihr:
Das war ihr liebstes Tier.

Sie ritt auf ihm durch das Meer.
Das Herz erfüllt, den Kopf ganz leer.

Am liebsten ritt sie ganz nach oben.
Zur Sonne hin, weit weg vom Boden.

Dort sah sie den Strand
Und war wie gebannt.
Von der Schönheit der Erde.
Auf dem Rücken der Pferde.

Doch, wenn die Sonne untergeht
Muss sie zurück und nicht zu spät!

Denn Pünktlichkeit ist sehr sehr wichtig!
Und Lusine macht oft alles richtig.

So geht es fröhlich tagaus tagein.
Sie reitet täglich in den Sonnenschein.

Doch eines Tages geschieht ihr was.
Sie friert plötzlich im kalten Nass.

Das Wasser scheint ihr nicht mehr warm und blau
Sondern eisigkalt und dunkelgrau.

Sie liegt schlapp herum
Und weint sich schief und krumm.

So geht es traurig tagaus tagein.
Sie sehnt sich nach warmem Sonnenschein.

Eines Tages geht es dann.
Da reitet sie langsam an den Strand heran.

Sie schwimmt in die Bucht
Und sieht von weitem eine Schlucht.

Dahinter erahnt sie ein altes Schloss.
Warmes Wasser um den Schwanz ihr floss.

Sie liegt im Sand und spürt die Sonne.
Ihr ganzer Körper ist voll Wonne.

Da sieht sie im glitzernden Sonnenschein
Eine goldene Feder-ganz allein.

Sie ist entzückt von dieser Feder.
So eine schöne hat nicht jeder.

Alsbald möchte sie die Feder fassen.
Doch diese will sich nicht fassen lassen.

Sie wird vom Wind über den Sand getrieben.
Die Nixe bleibt allein dort liegen.

Doch sie will die Feder haben.
Sich täglich an ihrer Schönheit laben.

Sie ruft die Feder: Komm zurück!
Ich spüre, dass Du bringst mir Glück!

Ich floh von meines Prinzen Hut
Und reise seitdem voll Übermut.

Komm' mit mir in meine Welt!
Ich bin sicher, dass es Dir dort gefällt.

Ich würde schon gern, aber es ist nicht recht.
Wasser ist für Federn schlecht.

Wir werden vom Wind hin und her
Getragen und nicht vom Meer.

Dann lasse mich einmal nur Dich berühren
Um diese goldene Leichtigkeit zu spüren.

Beim nächsten Windhauch kommt sie dann
Ganz nah an Lusines Gesicht heran.

Die ist so verzückt
Und wird verrückt.

Sie nimmt die Feder in ihre Hand,
Steckt sie in ihr Haar und verlässt den Strand.

Am Meeresboden angekommen
Ist die Feder ganz benommen.

Sie ist sogar wütend, doch auch gespannt
Von Lusine ganz gebannt.

Sie reden und entdecken
Gemeinsamkeiten, Kanten und Ecken.

Nach einiger Zeit verlor die Feder den Mut.
Das tiefe Wasser tat ihr nicht gut.

Sie mochte die Nixe und Abenteuer
Aber fürchtete die Meerungeheuer.

Sie mag Lusine wirklich sehr leiden,
Und kann auch auf dem Meer mal treiben.

Doch sehnte sich in die Luft zurück.
Hoffte zugleich auf der Nixe Geschick

Um weiterhin befreundet zu sein
Zwischen Wolken und Wellen-das wäre fein.

Es gibt in Wasser und Luft Analogien,
Die vielleicht reichen, um umzuziehen.

Es gibt Algenbäume unter Wasser
Und Fische in Pfützen aus Regenwasser.

Doch für Lusine ist zu flach eine Pfütze.
Und auch die Feder braucht Wind, Vögel, oder eine
Mütze
Mit der sie dann,
Verreisen kann.

Die Feder lud Lusine ein
Im Fluss des Prinzen zu leben- der schlängelt sich fein
Durch das bergige Königreich
War aber leider so flach wie ein Teich.

Es müsste täglich auf Lusine regnen
Um der Feder dort zu begegnen.

Es gab auch einen See, der geht bis zum Hals,
Aber Lusine braucht Wasser mit Salz.

Salzig war auch ihre Träne
Vor Verzweiflung über die gescheiterten Pläne.

Zur Feder konnten sie nicht gehen
Nur durch die Wasseroberfläche sich sehen.

Und sich am goldblauen Schimmern zu freuen
Und die Unmöglichkeit dieser Liebe zu bereuen.

Unter Tränen bringt Lusine die Feder an Land,
Wo sie das goldene Glück einst fand.

Sie versprachen sich, eine Lösung zu finden
Und planten zu Reisen, getragen von Winden.

Doch auf den Wind war kein Verlass,
Nur das Wasser bleibt immer nass.

Nur einmal noch am Strand
Als der Wind glücklich stand,
Konnte Lusine die Feder verführen
Sich gegenseitig zärtlich zu berühren.

Lusine träumte und dachte nach.
Ach, was für eine Herzensschmach.

Plötzlich kam ihr in den Sinn:
Ich sah schon Federn unter Wasser schwimmen.

Der Federschwanzrochen
Kam gerade herangekrochen.

Warum so traurig Lusine?
Ach Rochen, die Meeresroutine.

Aber sag' kannst Du fliegen mit Deiner Feder?

Nein, mein Kind ich bin zu schwer
Zweihundertfünfzig Kilogramm!

Ich schwebe mehr überm Meeresboden
Doch Dein Interesse will ich loben.

Nicht alle Federfische fliegen
In der Luft-es sieht unter Wasser nur so aus
Ich muss jetzt leider nach Haus.

Mach es gut Rochen! Ich überlege weiter.
Da kommt plötzlich heiter
Vorbeigeschwommen ein zweiter
Fisch mit Federn

Und ohne zu zögern
Fragt ihn Lusine:

Wie heißt Du?

Pterosis volitans, ich fliege durchs Meer.
Aber Vorsicht! Giftig bin ich gar zu sehr.

Diese beiden Kameraden
Konnten Lusine nicht zur Feder tragen.

Sie ohne Flügel, die Feder ohne Flosse,
Sie kann in die Luft bis zum Bauch hoch zu Rosse.

Die Feder kann auf dem Wasser nur treiben.
Unter Wasser kann sie nur bleiben,

Wenn sie irgendwie fixiert, wird
Doch dann ist sie gefangen und stirbt.

Lusine begann zu studieren.
Wie könnte sie sich transformieren.

In eine Undine mit Federschwanz?
Oder statt Armen ein Flugfederkranz?

Sie brauchte noch mehr Inspiration
Um zu ersinnen die Federflugkonstruktion.

Traurig aber entschieden, ersann die Nixe einen Plan,
Damit sie die Feder in der Luft treffen kann.

Sie ritt ins Meresgrundfundbüro
Mit diversen Schiffsbruchobjekten und so.

Dort stöberte sie nach Material
Um zu beenden die Trennungsqual.

Sie liebte das Meeresgrundfundbüro
Es war ein Museum von höchstem Niveau.

Am liebsten mochte sie Skulpturen
Während ihrer Museumstouren.

Sie wollte nach Federn Ausschau halten
Um nach ihrem Beispiel zu gestalten.

Heute war sie ganz gebannt
Von gefiederten Göttinnen, hier genannt:

Nike, Lilith und Iris
Der Flugerfolg war Lusine gewiss.

Sie baute sich Ärmel zum Fliegen
Aber konnte die Schwerkraft nicht besiegen.

Die nasse Schwanzfeder war so schwer,
Dass sie blieb, direkt im Meer.
Lusine weinte wieder sehr.

Sie wollte in die Lüfte!
Und nicht nur bis zur Hüfte.

Sie schluckte ihren Kummer runter
Und stöberte weiter - fast wieder munter.

Und schließlich fand sie ihren Schatz!
Eine Tasse mit Untersatz.

Sie inspizierte Tasse und Teller
Und ihr Gemüt wurde wieder heller.

Dieses Gefäß
(Aus Porzellan)
War groß genug für ihr Gesäß.

Das sollte ihre Gondel sein.
Für ihren Heißluftballon-wie fein.

So baute sie sich ihr Gefährt.
Von Liebe und Fantasie genährt.

Dann stieg sie in die Luft
Den Fischschwanz im Wasser, sie ruft:

Goldene Feder, komm zu mir,
Wo ist der Wind, der mich trägt zu Dir?

Da kam die Feder herangeweht.
Golden und zart. Es ward spät.

Sie trafen sich täglich bei Wetter und Wind.
Freuten sich beide wie ein Kind.

So ging es stetig tagein tagaus.
Doch plötzlich kam ein Graus.

Ein Virus attackierte die Welt.
Feder und Nixe war der Weg verstellt.

Sie träumten voneinander aus der Ferne.
Sie hatten sich immer noch sehr gerne.

So ging es traurig tagaus tagein.
Und einmal musste es vorbei sein.

Dann kamen wieder bessere Zeiten.
In der Teetasse flogen sie über gerade Breiten.

Was die Sonne verdunstete vom Tassenwasser
Machte der Regen wieder nasser.

So ging es glücklich tagein tagaus.
Bis plötzlich kam der nächste Graus.

Bomben und Minen fielen auf Schloss und Meer.
Der Himmel schwarzgrau - die Seelen leer.

Die Feder ward vom Rauch weggetragen.
Lusine hat sich im Sand eingegraben.

So ging es traurig tagaus tagein.
Und einmal wird es vorbei sein.

Die Feder in der Luft. Lusine im Meer.
In Gedanken vereint, doch die Teetasse leer.

Dem Schicksal erliegt unser Wille,
Nebst rosaroter Brille.

Doch wie *Johann Wolfgang von Göthe* schon sagte,
Lusine sich jetzt endlich auch fragte:

> Willst du immer weiter schweifen?
> Sieh, das Gute liegt so nah.
> Lerne nur das Glück ergreifen,
> Denn das Glück ist immer da.

Und dann besann sich Lusine
Zurück zur glücklichen Meeresroutine.

Und die Moral von der Geschicht
Federn treiben nur auf dem Wasser,
Und Meerjungfrauen fliegen nicht.

Die Federprüfung

Es waren einmal…

zwei junge Mädchen, die im Galopp über duftende Frühlingswiesen ritten.

Ihre Pferde sind verschwitzt, aber zufrieden, als sie an dem kleinen See hinter dem Wald rasten.

Xenia und Ylena steigen erschöpft von ihren Schimmeln und lassen sich in das hohe Gras fallen, um ein wenig auszuruhen. Ihre strahlend weißen Begleiter grasen derweil genussvoll am Ufer des Sees.

Verträumt blicken die vier blitzblauen Augen in den Himmel und erdenken sich fantasievolle Gebilde aus den langsam vorbeiziehenden Wolken.

Xenia: Ach, was für ein herrlicher Tag! Die Sonne wärmt unsere Haut und im Galopp flicht der Frühlingswind unser langes Haar.

Ylena: Ja es ist wunderbar! Wie schön, dass endlich der kalte Winter vorbei ist und wir das Schloss wieder verlassen dürfen.

Xenia: Du hast recht. Es ist einfach zu langweilig. Jeden Tag die gleichen Menschen um uns herum. Und unser Vater, der auf eine baldige Hochzeit drängt. Das einzig lustige sind doch noch die Prinzen, die um unsere Hand anhalten.

Ylena: Und sich dabei zum Narren machen!

Xenia: Wir können uns eben nur in Zwillingsprinzen verlieben, weil wir als Zwillingsschwestern immer gleich denken und fühlen, nicht wahr?

Ylena: Aber es gibt leider nicht so viele Zwillingspaare unter den Prinzen, die uns gefallen. Beide oder keine, alles oder nichts. Wir wollen doch für immer zusammenleben, Schwesterherz, oder?

Xenia: Ja natürlich. Das ist dann eben Pech für unseren Vater.

Da wird er wohl noch eine Weile weitersuchen müssen.

Ylena: Genau. Entweder wir heiraten beide gleichzeitig, oder keine von uns verlässt das Schloss mit einem Prinzen.

Dann kichern die beiden und herzen sich, bevor sie sich wieder in ihre Sättel schwingen, um zum Schloss zurückzureiten.

Als sie schon dabei sind ihre Pferde anzutreiben, um nicht zu spät zu ihrem Vater zu kommen, entdecken sie auf dem See, einen wunderschönen Schwan.

Der Schwan schwimmt majestätisch ans Ufer heran und steigt erhaben aus dem Wasser. Er schüttelt die glitzernden Wassertropfen aus seinem glänzenden Gefieder und schlägt dabei kraftvoll mit seinen weit gespannten Flügeln um sich.

Wie gebannt verfolgen die hübschen Frauen das kleine Schauspiel und erschrecken ein wenig als der Schwan plötzlich zu sprechen beginnt.

Seid gegrüßt, meine Lieben.

Wie aus einem Munde antworten die Prinzessinnen: Du, Du sprichst?!

Ihr seid überrascht, das ist verständlich.

Ich war nicht immer ein Schwan. Ich habe auch mal so ein langweiliges Leben als Prinz geführt. Genau wie ihr. Die traditionelle Schlossroutine, schön sein, lächeln, ausreiten, Tisch- und Hofetikette kennen und respektieren und den ganzen Rest, den Ihr ja sicher kennt.

Xenia: Also, Du bist ein verwunschener Prinz? Oder warum sonst kannst Du mit uns reden, obwohl Du ein Tier bist?

Interessiert Euch das wirklich?

So sehr, dass ihr einen Tadel von eurem Vater, dem König, riskiert weil ihr durch meine Geschichte verspätet ins Schloss zurückkehrt?

Xenia: Auf jeden Fall!

Ylena: Natürlich! Wann erleben wir denn schon mal so etwas? Das gibt es doch sonst nur im Märchen.

Nun gut. Zunächst einmal muss ich etwas klarstellen, was meine Verwandlung in einen Schwan betrifft.

Ich wurde nicht verwunschen, weil ich etwas Unrechtes getan habe. Und niemand hat mir Unrecht getan. Nein. Ich ließ mich freiwillig von einer guten Fee verwandeln.

Ylena: Wie bitte??? Wer macht denn so etwas freiwillig?

Warte doch erst einmal meine Erklärung ab. Sei nicht so ungeduldig. Ihr werdet es gleich besser verstehen.

Wie ich gehört habe, seid ihr gerade in derselben Situation, wie ich es einst war. Ich sollte verheiratet werden. Ich muss zugeben, nicht frei von Stolz, dass ich ein begehrter Junggeselle war. Aus aller Welt lud mein Vater die schönsten Prinzessinnen in unser Königreich ein, um mich für eine darunter zu begeistern. Die Liste mit Prinzessinnen, die um mich warben, war so lang, wie meine Enttäuschung von den Kandidatinnen groß war.

Xenia: Und hast Du dich denn in eine von ihnen von ganzem Herzen verliebt?

Ylena: Waren die Prinzessinnen reich, schön und klug?

Langsam, langsam. Ich will es euch ja erzählen.

Es waren viel Schöne, Reiche, aber leider auch ein paar Dumme unter ihnen. Aber selbst, wenn mal eine Prinzessin reich, klug und schön war, fehlte mir immer etwas.

Ich habe etwas entscheidendes bei allen Kandidatinnen vermisst.

Xenia: Was hast Du vermisst?

Ylena: Erzähle schon. Mache es doch nicht so spannend!

Ich habe echte aufrichtige Liebe vermisst. Um diese zu testen, habe ich mir verschiedene Prüfungen für die Prinzessinnen ausgedacht. Aber leider hat keine von ihnen diese bestanden.

Wie aus einem Munde fragten die Schwestern: Und dann, wie ging es weiter?

Nun, ich war so fest entschlossen, nur die Frau zur Königin zu nehmen, die mich aus tiefstem Herzen lieben kann. Also ließ ich mich in einen Schwan verwandeln. Die Fee hat es so ersonnen, dass mich die wahre Liebe einer Frau, in meine prinzliche Gestalt zurückverwandelt.

Xenia: Das klingt aber spannend! Wie lange lebst Du schon als Schwan und was ist Dein Plan?

Ich suche und warte weiter auf die Erfüllung meiner Sehnsucht.

Xenia: Und Du glaubst, dass unser kleiner Seer hier der richtige Ort ist, um auf die Liebe Deines Lebens zu warten?

Immerhin seid ihr mir heute begegnet. Und Ihr seid wirklich zwei wunderschöne und kluge Prinzessinnen wie mir scheint. Wenn eine von euch mich aufrichtig lieben sollte, nehme ich sie auf der Stelle zu meiner Frau und mit in mein Königreich.

Ylena: Wir können leider nur Zwillingsprinzen lieben, weil wir selbst Zwillingsschwestern sind und immer genau gleich denken und fühlen.

Da seid Euch mal nicht zu sicher! Ich glaube nicht, dass ihr euch so gleicht, wie ihr meint. Irgendetwas ist bei zwei Menschen immer unterschiedlich, auch bei Zwillingen. Glaubt mir.

Diejenige von euch beiden, die mich zum Mann begehrt und mich aus vollem Herzen liebt, soll in drei Tagen bei Vollmond auf mein Schloss kommen und ein Hochzeitskleid aus echten Schwanenfedern tragen.

Schweigend und nachdenklich reiten die Prinzessinnen im Schritt nach Hause. Sie nehmen den Tadel des Vaters nur am Rande war. Essen wollen sie so spät am Abend auch nicht mehr. Sie gehen gleich in ihre gemeinsame Kammer. Keine von ihnen schläft in dieser Nacht. Sie drehen sich in ihren Betten von einer Seite auf die andere und denken über alles nach, was der schöne Schwan ihnen erzählt hat. Dabei wechseln sie kein einziges Wort. Am nächsten Morgen gehen sie zum ersten Mal in ihrem Leben getrennte Wege.

Am dritten Tag bei Vollmond wartet der Schwan auf seinem Thron in seinem Schloss. Er ist sehr unruhig und knabbert vor Aufregung mit dem roten Schnabel an seinem Gefieder.

Nach einer Weile öffnen die Diener eine große Flügeltür und Prinzessin Ylena betritt den Saal.

Sie ist wunderschön und strahlt in ihrem schneeweißen Hochzeitskleid aus tausend Schwanenfedern. Sogar aus ihrem langen seidigen Haar lugen zarte Daunen hervor. Um ihren schlanken Hals liegt eine Kette aus roten Schwanenschnäbeln.

Dem Schwanenprinzen rollen Tränen des Schmerzes und der Enttäuschung über die Wange.

Er will gerade seinen Kopf in seinem Gefieder verstecken, um diese grausame Kette und das Kleid nicht mehr ansehen zu müssen, als er sieht, dass sich plötzlich etwas unter dem Kleid bewegt.

Ein zartes kleines Schwanenmädchen watschelt unter dem Rock hervor. Es schreitet mit gesenktem Blick und gekrümmtem Hals auf den Thron zu.

Die Familie des Prinzen ist sprachlos. Dennoch folgt der König der Bitte seines Sohnes, die Schwanendame auf den Thron der zukünftigen Königin zu heben.

Als Xenia dann auf dem roten Samtkissen sitzt und ihrem geliebten Schwan in die Augen sieht, gibt es nur noch eine heftige Federwolke. Nachdem die weißen leichten Daunen wie Schneeflocken auf den goldenen Thron herabgerieselt sind, sitzt dort ein Brautpaar von atemberaubender Schönheit, inmitten eines Federmeeres und hält sich zärtlich die Hände.

Bei diesem überwältigenden Anblick, stürzt Ylena wütend und schreiend in ihrem jetzt völlig blutverschmierten Kleid aus dem Saal und ward seither nie mehr im Königreich gesehen.

Das Brautpaar lebte glücklich und im Einklang mit der Natur und beschützte jeden Schwan im Königreich.

Und wenn sie nicht gestorben sind, dann leben sie noch heute.

Und die Moral von der Geschicht:

Von Mut zum Übermut

Liegt nur ein kleiner Schritt.